Yes, Today!... We Sing and Play

MW01251299

Encore Une Fois!... Amusons-Nous

with accompaniments for Orff instruments

avec instrumentarium Orff

BY ADA VERMEULEN

Dedicated to Kim

Editor: CHERRY G. TADLOCK
Production Coordinator: GAYLE GIESE
Cover Design and Text Layout: THAIS YANES
Music Engraver: ADRIAN ALVAREZ
Adapted in French by SYLVIE DAIGNEAULT

© 1999 Warner Bros. Publications
All Rights Reserved
Tous droits réservés

Any duplication, adaptation or arrangement of the compositions contained in
this arrangement requires the written consent of the Publisher. No part of
this book may be photocopied or reproduced in any way without permission.
Unauthorized uses are an infringement of the U.S. Copyright Act and are punishable by law.

N'importe quelle reproduction, n'importe quelle adaptation ou n'importe quel
arrangement des compositions contenues dans cet arrangement exigent le
consentement écrit de l'Editeur. Aucune partie de ce livre peut être
photocopiée ou peut être reproduite dans n'importe quelle façon sans la
permission. Les usages inautorisés sont une infraction des Etats-Unis
Déposer l'Acte et être punissable par la loi.

PREFACE

This bilingual publication is another collection of 15 game songs for children from Kindergarten to Grade 4.

Each unit contains several of the following components:
- A song.
- Body Percussion accompaniments B.P. (see glossary).
- Instrumental accompaniments.
- A description for preparing your group for the game actions.
- Game or movement descriptions: the actions.
- Props, variations, extensions, improvisation, notes.

The game descriptions follow a logical step-by-step process. Resist going to the next step until the previous steps are well understood and executed. Avoid doing it all at once; sometimes it is advisable to learn the next step or component in a following session.

Learning the B.P. parts along with the song will facilitate memorizing words and keeping the beat. It also helps prepare students for instrumental and movement parts. You may wish to leave out certain parts, or add your own variations.

Below is a list of the songs in this book. The letters after the titles refer to teaching suggestions pertinent to particular songs. These suggestions follow the title list.

1.	Yes, Today!	A, H	9.	The Band	E
2.	Honeysuckle	A, H	10.	Passing Game	A, D
3.	Let's Sing Everybody	A	11.	On Our Way	C
4.	Heel, Toe, 1 2 3	B, C, F, G	12.	Greeting Dance	B, D, F, G
5.	Hello My Friends	B, E	13.	Who, Who, Who?	B, H
6.	Ohio	D, H	14.	Jim Along	A, B, E, G
7.	Jump Jim Joe	A, C, D	15.	Wibbleton	E, F, G
8.	On a Log	E			

TEACHING SUGGESTIONS

A.   To add variety to the process of teaching the song, ask the students to "be a detective" and count the number of repetitions of a certain word. For example, in #8 ask them how many times the word "jump" occurs; then have them count the word "Joe." By listening actively this way, they will learn the song more quickly.

B.   Add eight-beat (or 16-beat) interludes. This will help prepare the students for the repetition and will constrain silliness. Finishing a song with interludes can be achieved like this: while you count out the last eight beats, call "STOP" after beat 4. When you have your students' attention, give them the instructions for the finish. For example, say, "After the next time, we all sit down," or tell them how the words of the final phrase will change. Then restart the final eight-beat interlude and finish the song.

C.   Partner games are best started with two participants, the teacher and one student, while the class watches (and learns). After finishing, both the teacher and the student choose a new partner for the repetition; two couples now perform the actions. The next time, all four of them choose a new partner, so now four couples participate, and so on until the entire class participates. (The teacher could now withdraw and supervise or add an instrumental accompaniment.)

D.   The entire unit can be finished within one half-hour session.

E.   Some units are best taught over two or more sessions.

F.   For a change, begin a unit by teaching a component other than the song, for example, the B.P. parts or the actions.

G.   Sometimes the actions can be performed to recorded music.

H.   In Kindergarten and Grade 1, it is sometimes helpful to teach the song and the activities in English first. Then teach the French version in a subsequent session.

PRÉFACE

Cette publication bilinque offre une novelle collection de quinz chansons pour les enfants allant de la maternelle à la quatrième année.

Chacune des activités comprend les éléments suivants:

- Une chanson
- L'utilisation de la percussion corporelle, P.C. (Voir le lexique)
- Parties instrumentales
- La description des préparations pour le jeu
- Descriptions des jeux ou des mouvements corporels: les actions
- Les accessoires pour les jeux, les variantes, l'improvisation et des remarques

La description des jeux est simple et facile à apprendre. Évitez pourtant d'enseigner le tout en une seule journée. Il est important pour le groupe d'enfants de maitriser les premiers éléments du jeu avant de passer à une autre étape.

On peut enseigner les P.C. en apprenant la chanson. Cela ajoutera un sens du rythme et aidera les enfants à mémoriser les mots de la chanson. Selon votre propre initiative vous pouvez omettre certaines parties our même en introduire de nouvelles plus personelles.

Voici la liste des chansons accompagnée de leurs lettres-clé. Ces symboles correspondent aux "suggestions aux enseignants" expliquées au paragraphe suivant.

1.	Aujourd'hui	A, H	9.	La parade	E
2.	Promenade	A, H	10.	Passe et passe	A, D
3.	Voici, mes amis	A	11.	À bientôt	C
4.	Clique, claque	B, C, F, G	12.	Ça va?	B, D, F, G
5.	Salut!	B, E	13.	Qui, qui, qui?	B, H
6.	La rivière	D, H	14.	Allons-y!	A, B, E, G
7.	Sautes!	A, C, D	15.	De Vence à Florence	E, F, G
8.	Sur un tronc	E			

SUGGESTIONS AUX ENSEIGNANTS

A.   Pour varier l'enseignement d'une chanson on peut demander aux enfants de jouer à être des "détectives". Ils devront conter le nombre de fois qu'un mot choisi sera répété dans la chanson. Par exemple, #3. Contez le nombre de repetitions du mot "voici" et de même pour le mot "amis". En étant réellement à l'écoute, les enfants seront plus concentrés et pourrons assimiler les mots de la chanson beaucoup plus rapidement.

B.   Avant de reprendre une chanson, il est bon de créer une pause de huit ou 16 comptes. Ceci permettra aux enfants de se préparer avant de reprendre la chanson. Voici une façon de terminer une chanson avec un interlude: comptez les huit comptes finals en s'arrêtant au quatrième compte en criant "ARRÊT". Quand tous ont fait la pause, vous expliquez la variante de la finale; comme "la prochaine fois, on s'assoie sur le plancher". Ou encore on peut changer la dernière phrase de la chanson. Puis vous completez les huit comptes finals et terminez la chanson.

C.   Voici une façon efficace d'enseigner le jeu de partenaire. L'enseignant(e) et un enfant démontrent l'action pendant que les autres observent. Puis l'enseignant(e) choisira un autre enfant pendant que le premier choisira de même un autre partenaire. Puis les quatres choisiront de nouveau d'autres partenaires et ainsi de suite. Quand tous les enfants sont inclus, l'enseignant(e) peut se retirer et jouer un instrument.

D.   Cette activité peut être completée dans une demi-heure.

E.   Divisez l'activité en plusieurs jours.

F.   Pour varier, commencez par enseigner la P.C. de la chanson, ou les actions, avant de la chanson elle-même.

G.   On peut exécuter les actions avec de la musique sur disques.

H.   Pour les petits il est préférable d'enseigner la chanson et les activités en anglais avant de le faire en français. Enseignez la version française un jour suivant.

OTHER MUSIC TEACHING SUGGESTIONS

When you teach a new song, move to different spots in the circle or room. Trade places with the students. Tell your class that you would like to "hear the song from this side." This helps get reluctant singers to sing and it encourages others to do better: they know they're being watched. Trade places several times.

Some songs involve holding a partner's hands while turning around. When you begin teaching these songs, replace this part by having the students roll their own hands for now.

If your song involves certain props or many instruments, give your directions with your eyes: tell your students that they may get their item when you look into their eyes. Proceed by making eye contact with them, one by one, and have them obtain their item. (Restrain the ones who go before you looked at them.) This will keep things calm for now. Have them leave their items on the floor until you ask them to pick them up for use. Insist that they not touch anything until you ask them to. Be firm. Tell them to return their item if they cannot follow the instruction and let them lose their turn.

Instructions on how instruments should be played are best given before the students get their hands on them.

Some songs involve tapping a partner's hands. When your students are reluctant to touch, tell them that they could snap their fingers instead.

Before starting a game that involves choosing partners, lay down this rule: "You cannot refuse to be someone's partner when you are chosen because you cannot hurt someone's feelings," or something to that extent.

Songs with actions that could invite trouble need some special preparation. Discuss potential problems with the class, such as being silly or falling down. Then ask your students, "Who is planning to create a problem?" Usually no one raises a hand. Then throughout the activities, when an incident occurs, remind them of "the pact." Praise them when they are doing well. Keep an eye on the troublemakers, though.

If you sense, in the process of performing an activity, that things are about to get out of hand soon, stop right away. Ask the students to sit down and discuss the parts that went well. Give lots of praise. Do not discuss what went wrong. Then perform the activity one or two more times, and stop again before trouble can arise. Praise again. Now everyone feels good about what happened.

While your students are performing an activity individually, such as marching and playing a drum, or performing a partner game, single out one student, or a couple, that is doing well. Ask the group to sit down and ask the student or couple in question to show what they just did. Give lavish praise. Then continue the activity with the entire group, and look for other good examples. Have others show how they performed the task. Keep praising.

Your students will like to sing these songs over and over again. Try to add their ideas or omit parts that didn't work. Improvise where you can, and have fun!

SUGGESTIONS ADDITIONELLES À L'ENSEIGNEMENT DE LA MUSIQUE

Quand vour enseignez une nouvelle chanson, essayez de vous déplacer dans la salle. Changez de place avec un enfant ou encore demandez de chanter la chanson dans une autre direction. Cela aidera les enfants plus craintifs à participer à l'exercice. Circulez souvent parmi eux. Sachant qu'ils sont observés, les enfants seront encouragés.

Certaines chansons demandent de se tenir par la main. Débutez en ayant les élèves tourner leurs propres mains avant d'introduire le contact avec les autres élèves.

Si votre chanson comprend l'utilisation d'instruments pour tout le monde, donnez les directions avec vos yeus. Dites aux élèves qu'ils doivent garder leur instrument sur le sol avant que vous leurs donniez un signe des yeux. Commencer par faire un contact des yeux avec eux, un après l'autre afin qu'ils prennent en mains leur instrument. (Découragez ceux qui commencent avant d'avoir eu leur signal). Ceci vous aidera à garder un certain ordre. Soyez ferme et demandez aux récalcitrants de retourner leur instrument si ils ne peuvent suivre les directives.

Il est préférable d'expliquer comment jouer l'instrument de musique avant que les élèves les aient en mains.

Certaines chansons demandent de taper les mains d'un partenaire. Si un élève montre une certaine resistance vous pouvez lui suggérer de claquer des doigts.

Avant de commencer un jeu de partenaire, il est bon d'expliquer que lorsqu'on refuse un partenaire on peut blaisser les sentiments d'un élève. On pourra alors se mettre tous d'accord d'accepter tous les partenaires qui viendront à nous au cours d'un jeu.

Quelques chansons comprenant des actions peuvent causer des turbulences. Discutez avec les enfants les problèmes possibles, comme tomber, faire des folies, etc. Demandez au groupe "qui a l'intention de causer un problème?" En général personne ne lèvera la main. Si toute fois un enfant oublie l'entente, rapellez-lui le "pacte" du jeu. Donnez-leurs des compliments tout en gardant un oeil vigilant.

Au cours d'une activité, si vous sentez que vos élèves ne portent plus attention et que les troubles vont commencer, arrêtez aussitôt. Demandez à vos élèves de s'asseoir et discutez avec eux les bons points de l'exercice; ce qu'ils ont bien compris et bien exécuté. Gardez un ton positif et ne faites même pas mention de leur turbulence. Faites plutôt des compliments. Puis, vous pouvez reprendre l'exercice une ou deux fois. Arrêtez encore s'il le faut, avant que les problèmes se manifestent. Toujours, faites des compliments. De cette façon, tout le monde sera de bonne humeur!

La classe fait une activité individuelle, par exemple, marcher en jouant le tambour, ou un activité comprenant un partenaire. Choisissez un enfant, ou un couple, qui ont une bonne maitrise de l'exercice. Le reste de la classe est assi pendant sa démonstration. Faites des louages, le reste du groupe voudront faire de même.

Les jeux qui sont inclus dans ce livre permettent d'initier les enfants à la musique tout en s'amusant. Ne craignez pas d'apporter votre propre inspiration ou celles des enfants. Laissez-vous aller à vos fantaisies et amusez-vous!

GLOSSARY

B.P.	St – step, or stamp feet
	P – patsch: slap thighs lightly
	C – clap hands
	S – snap fingers

♩ In the instrumental accompaniments, stem up means play the note with the right hand;

♩ stem down means play with the left hand.

‖: :‖ This is a repetition mark. The musical pattern must be repeated until the song is finished.

The tambourine

The guiro

Ostinato = musical pattern

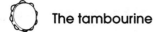

LEXIQUE

P.C.	P – frapper des pieds
	C – frapper les cuisses
	M – frapper les mains
	D – claquer les doigts

♩ La note avec la queue vers le haut est interprétée par la main droite.

♩ La note avec la queue vers le bas est interprétée par la main gauche.

‖: :‖ Ceci signifie que l'on doit répéter le motif musical – et çela jusqu'à ce que la chanson soit terminée.

Le tambour

Le guiro

Ostinato = motif musical

TABLE OF CONTENTS
TABLE DES MATIÈRES

TITLE TITRE	GRADE LEVEL DEGRÉ	PAGE
YES! TODAY / *AUJOURD'HUI*	K-1	10
HONEYSUCKLE / *PROMENADE*	K-1	12
LET'S SING! / *VOICI MES AMIS*	K-1	14
HEEL, TOE / *CLIQUE, CLAQUE*	K-2	16
HELLO MY FRIENDS / *SALUT*	1-3	19
OHIO / *LA RIVIÈRE*	1-2	22
JUMP JIM JOE / *SAUTES, SAUTES, SAUTES*	1-3	24
ON A LOG / *SUR UN TRONC*	1-3	26
THE BAND / *LA PARADE*	1-3	28
PASSING SONG / *PASSE ET PASSE*	3-4	31
ON OUR WAY / *À BIENTÔT*	2-3	34
GREETING DANCE / *ÇA VA?*	2-4	36
WHO, WHO, WHO? / *QUI, QUI, QUI?*	2-3	38
JIM ALONG / *ALLONS-Y*	2-3	40
WIBBLETON / *DE VENCE À FLORENCE*	3-4	42

YES! TODAY / AUJOURD'HUI

GRADE: K-1

1. Yes! to - day is Mon - day, yes! to - day is Mon - day.
1. Au - jourd'- hui c'est lun - di, au - jourd'- hui c'est lun - di.

Yes, to - day is Mon - day, tra la la la la.
Au - jourd'- hui c'est lun - di, tra la la la la.

Let's all clap our hands to - day. Let's all clap our hands to - day.
Ain - si donc on frappe des mains, ain - si donc on frappe des mains.

Let's all clap our hands to - day, tra la la la la.
Ain - si donc on frappe des mains, tra la la la la.

2. Yes! today is Tuesday. Let's all turn 'round and 'round.
3. Yes! today is Wednesday. Let's all skip around the room.
4. Yes! today is Thursday. Let's all make a silly face.
5. Yes! today is Friday. Let's all go and play the bells.

2. Aujourd'hui c'est mardi. Ainsi donc on fait un tour.
3. Aujourd'hui c'est mercredi. Ainsi donc on va sauter.
4. Aujourd'hui c'est jeudi. Ainsi donc on bouge le nez.
5. Aujourd'hui c'est vendredi. Ainsi donc on sonne les cloches.

YES! TODAY
The Game

Formation: Students are scattered throughout the room.

Preparation: While they sit on the floor, the class discusses which action to perform. Ask one volunteer to demonstrate a proposed action.

Actions:

1. During the first three measures, the students walk freely around the room. On the fourth measure, they stop walking and stamp their feet three times on the spot.

2. During the second half of the song, they perform what they chose to sing about; for example, roll their hands, skate, hop like a bunny, etc.

3. They all sit down and the next action is discussed. Ask a volunteer to demonstrate again. Everyone stands up and repeats the song with the new action.

AUJOURD'HUI
Le jeu

Disposition: Les enfants sont dispersés dans la salle.

Preparation: Assis sur le plancher, les enfants discutent avant de choisir leur action dans le jeu.

Les actions:

1. Dans les premières trois mesures de la chanson les enfants marchent dans la salle. Dans la quatrième mesure ils s'arrêtent et frappent le sol du pied, trois fois.

2. À la deuxième partie de la chanson les enfants exécutent l'action qu'ils ont choisie; par exemple, frapper des mains, patiner, bouger comme un animal.

3. Les enfants s'assoient et on discute l'action prochaine. Un volontaire va la démontrer. Tout le monde se lève pour reprendre la chanson avec la nouvelle action.

HONEYSUCKLE / PROMENADE

GRADE: K-1

1. Wind a - round the hon - ey - suck - le. Wind a - round the hon - ey - suck - le.
1. Pro - me - na - de, pro - me - na - de, en fai - sant une grande pa - ra - de.

Wind a - round the hon - ey - suck - le look - ing for a part - ner.
Pro - me - na - de, pro - me - na - de et trouves un par - te - nai - re.

2. Rap and tap on someone's shoulders,
   rap and tap on someone's shoulders,
   rap and tap on someone's shoulders,
   you are now my partner.

2. Rappe et tape sur les épaules,
   rappe et tape sur les épaules,
   rappe et tape sur les épaules,
   tu es mon partenaire.

Instruments

GLOCKENSPIELS

HONEYSUCKLE
The Game

Formation: The children sit in a circle.

Actions:

1. The children sing the song while patsching the beat during verse 1. During verse 2, they clap their hands.

2. The teacher or a child, Ⓐ, walks around the circle during verse 1.

3. When verse 2 begins Ⓐ stops behind the nearest child, Ⓑ, and taps on his shoulders during verse 2.

4. Verse 1 is repeated and Ⓐ and Ⓑ walk around the circle.

5. During verse 2 they tap the nearest sitting children, Ⓒ and Ⓓ, on the shoulders.

6. Now Ⓐ, Ⓑ, Ⓒ, and Ⓓ walk around the circle during verse 1.

7. Repeat until all students are walking. Finish by singing verse 2 while clapping the beat and standing still facing the center.

Note: When there are not enough children left sitting on the floor, the "leftover" tappers clap their hands.

PROMENADE
Le jeu

Disposition: Les enfants sont assis en cercle.

Les actions:

1. En chantant le premier couplet les enfants tapent sur les cuisses. Pendant le deuxième couplet ils frappent des mains.

2. Le professeur ou un enfant, Ⓐ, marche autour du cercle et la classe chante le premier couplet.

3. À la fin du premier couplet, Ⓐ s'arrête derrière l'enfant le plus près, Ⓑ. La classe chante le deuxième couplet. En même temps (A) tape sur les épaules de Ⓑ.

4. On répète le premier couplet. Ⓐ et Ⓑ marchent autour du cercle.

5. Au deuxième couplet Ⓐ et Ⓑ tapent sur les épaules de Ⓒ et Ⓓ.

6. À la répétition du premier couplet, Ⓐ, Ⓑ, Ⓒ, et Ⓓ marchent autour du cercle.

7. Répéter jusqu'à ce que tous les enfants aient marché; on termine en chantant le deuxième couplet tout en frappant des mains.

Attention: Quand il n'y a pas assez d'enfants assis sur le plancher, on frappe des mains en chantant le deuxième couplet.

2.
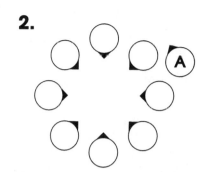

3.
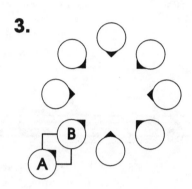

4.
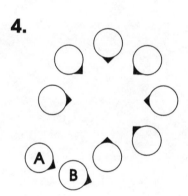

5.
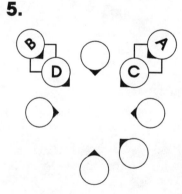

6.
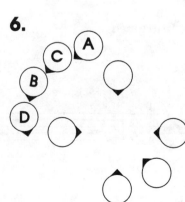

LET'S SING! / VOICI MES AMIS

GRADE: K-1

Let's sing all to-geth-er, let's sing! Let's sing all to-geth-er, let's sing! Let's
Voi - ci mes a - mis,__ voi - ci! Voi - ci mes a - mis,__ voi - ci! Voi -

sing all to-geth-er, let's sing all to-geth-er, let's sing all to-geth-er, let's sing!
là mes a - mis,__ voi - là mes a - mis,__ voi - là mes a - mis,__ voi - là!

Instruments

LET'S SING!
The Game

Formation: In a circle or scattered.

Actions: Experiment with various actions and movements such as:

> Let's clap everybody. . .
> Let's wiggle everybody. . .
> Let's skip everybody. . .
> Let's drive a car, let's go. . .
> Let's step in the puddles, let's go. . .

When everyone is sufficiently excited, close with:

> Let's shrink everybody. . .
> Let's sleep everybody. . .

Instruments: "Let's play the drums/sticks/bells, let's play."

VOICI MES AMIS
Le jeu

Disposition: Les enfants sont en cercle, ou ils sont dispérsés dans la salle.

Les actions: Essayez des actions et mouvements differents comme:

> Frappez mes amis, frappez!
> Gigotez mes amis, bougeons . . .
> Sautons tout le monde, sautons . . .
> Conduisez une auto, roulons . . .
> Volez comme les oiseaux, volons . . .

Quand les enfants sont bien excités, on peut finir avec:

> Repos mes amis. . .

Les instruments: "Jouez du tambour/des claves/des cloches, jouons."

HEEL, TOE / CLIQUE, CLAQUE

GRADE: K-2

	Heel,	toe,	1,	2,	3,	won't	you	come	and	dance	with	me?
	Clique,	claque,	1,	2,	3,	veux - tu	dan - ser	a - vec	moi?

B.P.	Heel*,	Toe*,	C	C	C	Roll Hands
P.C.	Talon*,	Orteil*,	M	M	M	Rouler vos mains

	Heel,	toe,	1,	2,	3,	yes!	I'll	come	and	dance	with	you!
	Clique,	claque,	1,	2,	3,	Je	veux	dan - ser	a - vec	toi!

B.P.	Heel,	Toe,	C	C	C	Roll Hands
P.C.	Talon,	Orteil,	M	M	M	Rouler vos mains

*Heel: Place your right heel on the floor, diagonally to the right in front of you.

*Toe: Place your right toes on the floor to the left of your body, across your left foot and in front of your left leg. Your heel faces the ceiling.

*Talon: Taper le plancher avec le talon du pied droit, vers l'avant et en direction diagonale, vers la droite.

*Orteil: Croiser la jambe droite vers la gauche en pointant du pied. Toucher le plancher avec la pointe du pied droit juste à gauche du pied gauche. Le talon doit être tourné vers le plafond.

HEEL, TOE
The Game

Formation: One circle; partners face each other.

Preparations: Have your students practice "heel and toe" many times,
                     with both feet.

Actions:

1. Teach the   B.P.   as described in the music score.

2. Teach the dance; the second and the fourth phrases will change.
   The teacher, Ⓐ, and one child, Ⓑ, start the dance.
   They face each other and perform the actions as follows:

   > Heel, toe – see below the song.
   > 1-2-3 – stand on both feet and clap three times.
   > "Won't you come dance with me" – partners hold hands and
   > turn 180°.
   > "Yes I'll come and dance with you" – partners turn their
   > backs to each other and face a new partner.

3. The dance continues with four children doing the actions.
   At the next repetition, six children perform the actions, and so on.

4. Combine the song and the actions. Count eight beats after
   each repetition to give the students a chance to get ready for
   the next one. Omit these eight beats when the dance is mastered.

Note 1:   Have the students sit down while you start the dance. Stress that
               this is a progressive game. They stand up only when it is their turn to join in.

Note 2:   Make sure that there is a reasonably capable child beside you for
               the demonstration. (S)he will be your "assistant" on the other end.

1.
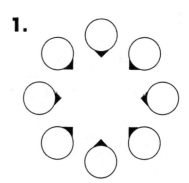

2.
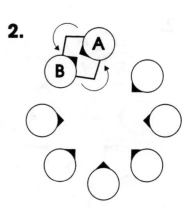

2.
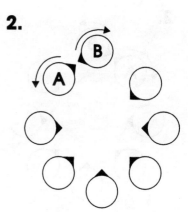

3.
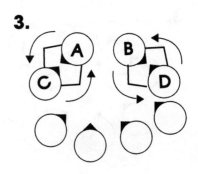

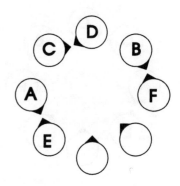

CLIQUE, CLAQUE

Le jeu

1.

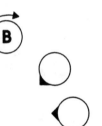

Disposition: En cercle, les partenaires se font face.

Preparation: Les enfants pratiquent plusieurs fois: "talon", et "orteil", avec les deux pieds.

Les actions:

1. Enseigner les ⬚ P.C. ⬚ comme elles sont décrites sur la partition.

2. Enseigner le danse; la deuxième et la quatrième phrases vont changer.
   L'enseignant(e), Ⓐ, et un enfant, Ⓑ, se regardent et enseignent les actions suivantes:

   > Clique, claque – comme elles sont décrites.
   > 1-2-3 – les deux pieds sur place et frapper les mains trois fois.
   > "Veux-tu danser avec moi?" – les partenaires se prennent par la main et changent de place.
   > "Je veux danser avec toi" – les partenaires se mettent dos à dos, et voilà: deux nouveaux partenaires!

3. Le danse continue avec quatre enfants, avec six enfants, et ainsi de suite jusqu'à ce que tous les enfants aient participé.

4. Enseigner la chanson et la danse. Il est bon d'intercaler un intermède de huit comptes en contant d'un jusqu'à huit. Ceci permet aux enfants des se préparer avant de recommencer la chanson. Omettez ces comptes quand les enfants ont maîtrisé "l'arrangement."

2.

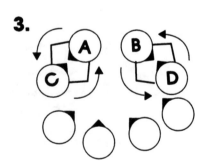

Remarque 1: Les enfants sont assis sur le plancher au commencement de #2.
Ce jeu va en progression; seulement les deux enfants suivants se lèvent.

Remarque 2: Au commencement du jeu, l'enfant Ⓑ sera votre "assistant."
Choisissez un enfant qui a du savoir-faire.

2.

3.

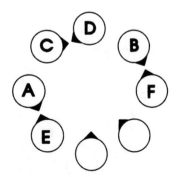

HELLO MY FRIENDS / SALUT

GRADE: 1-3

Hel - lo my friends, hel - lo my friends, and how are you to - day? Hel -
Sa - lut, sa - lut, mes ca - ma - rades com - ment___ ça - va? Sa -

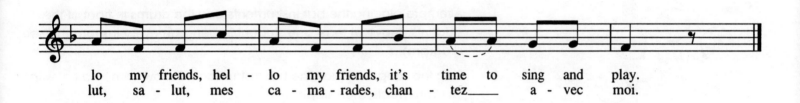

lo my friends, hel - lo my friends, it's time to sing and play.
lut, sa - lut, mes ca - ma - rades, chan - tez___ a - vec moi.

Xylophone

HELLO MY FRIENDS
The Game

1.

Formation: In a circle, sitting down.

Preparation:

- Teach the song and patsch the beat.
- Introduce an ABA form: sing and patsch; clap 16 beats; sing and patsch. (Try counting in your students' native languages.)
- Replace the patsches with the bordun on the xylophones; replace the claps with drums.

Actions:

3.

1. Alternate placing the bar instruments and the drums in front of the students. Leave at least one student in between every instrument (see diagram).

2. Sing the song and play the bar instruments. Follow immediately with 16 drum beats, then stop.

3. Pass every instrument to the right and repeat the song and the 16 beats.

4. Repeat #2 and #3 until the passing principle is understood. Now perform the song and the 16 beats without stopping in between, creating an ABABABAB form of constant singing, drumbeats, clapping, patsching, and passing of instruments. Add an "oompah" accompaniment on the piano if you wish.

Note: This does not result in a fine musical production, but everyone gets lots of turns at playing different instruments, especially if there is a variety of bar instruments and sizes of drums or other percussion instruments.

Alternative: Leave the instruments in a fixed spot and have the students move to the right.

SALUT
Le jeu

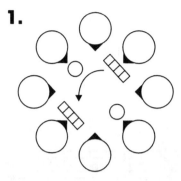

Disposition: En cercle. Les enfants sont assis.

Preparation:

- Enseigner la chanson en tapant sur les cuisses.
- Présenter le forme ABA: on chante la chanson en tapant sur les cuisses; on frappe des mains en contant 16 fois sans chanter; répétez la chanson. (On peut conter dans des langues différentes.)
- Enseigner le bordun sur les xylophones; ajouter les tambours au lieu de frapper des mains.

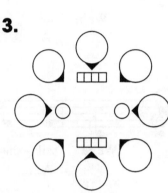

Les actions:

1. On mets les xylophones et les tambours devant les enfants (voir le graphique).

2. La classe chante la chanson et on joue les xylophones. Tout ceci sera suivi immediatément de 16 coups de tambour. Puis arrêtez.

3. Passer tous les instruments vers la droite. Répétez #2.

4. Répétez #2 et #3 jusqu'à ce que la procedure leurs devienne familière. Maintenant exécuter le tout sans arrêt. Le résultat sera une longue forme de chanson ABABABAB continue: les coups de tambours, frapper des mains et sur les cuisses et passer les instruments. Pour compléter l'ensemble, jouez des accords au piano.

Remarque: Le résultat final sera peut-être turbulent mais les enfants auront tous la chance de participer en jouant différents instruments; surtout si vous avez des tambours de grosseur différente, une variété d'instruments à percussion et en plus des xylophones, carillons et metallophones.

Alternative: Les étudiants changeront de place, vers la droite et les instruments resteront sur place.

OHIO / LA RIVIÈRE

GRADE: 1-2

B.P. (A) - Patsch (B) - Clap

P.C. (A) - Taper sur les cuisses. (B) - Frapper dans les mains.

OHIO
The Game

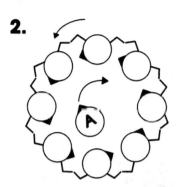

Formation: In a circle, standing, facing counterclockwise, holding hands. One child in the center faces clockwise.

Actions:

1. Teach the song and the [B.P.].

2. Sing the first part of the song. The circle ("the river") walks to the right. The child in the center, Ⓐ ("the ship"), walks in the opposite direction.

3. At "x-x-x" the children in the circle stamp three times in place and face the center of the circle.

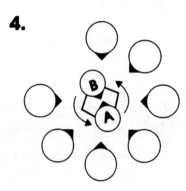

4. Child (A) chooses a partner and they turn around during the second half of the song. The children in the circle stand still and clap their hands.

5. Child Ⓐ takes Ⓑ's place. Ⓑ becomes "the ship" and the game is repeated.

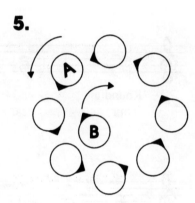

LA RIVIÈRE
Le jeu

Disposition: Les enfants sont debout, en cercle et marchent vers la droite en se tenant par la main; un enfant, Ⓐ est au milieu et marche vers la gauche.

Les actions:

1. Enseigner la chanson et la [P.C.].

2. Chantez la première partie de la chanson. Le cercle ("la rivière") marche vers la droite. L'enfant qui est au milieu ("le bateau") marche en direction opposée.

3. A l'x-x-x les enfants en cercle frappent du pied le plancher trois fois, faisant face à l'intérieur.

4. L'enfant Ⓐ choisit un partenaire, Ⓑ. Ⓐ et Ⓑ tournent au milieu du cercle pendant la deuxième partie de la chanson. Les enfants a l'extérieur s'arrêtent et frappent des mains.

5. L'enfant Ⓐ prends la place de Ⓑ. Ⓑ va être "le bateau" et le jeu reprend.

JUMP JIM JOE / SAUTES, SAUTES, SAUTES

GRADE: 1-3

Jump,   jump,   jump,   Jim   Joe.
Sautes,   sautes,   sautes   cinq   fois.

Nod   your   head   and   shake   your   head   and   tap   your   toe.
Tapes   le   pied,   se - coues   la   tête   et   claques   les   doigts.

'Round   and   'round   and   'round   you   go,   and   you
Tour - nes,   tour - nes,   tournes   en   rond,   trouves   un

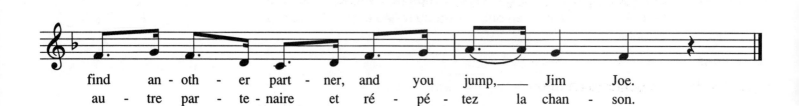

find   an - oth - er   part - ner,   and   you   jump,____ Jim   Joe.
au - tre   par - te - naire   et   ré - pé - tez   la   chan - son.

JUMP JIM JOE
The Game

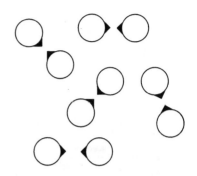

Formation: Scattered in pairs, partners stand face to face.

Actions:

Phrase 1. Jump five times, once for each word.

Phrase 2. Do as the words suggest.

Phrase 3. Take partners' hands and turn around.

Phrase 4. Stop turning and jump three times on the words "jump, Jim Joe." (See Note 1.)

Note 1: The students change partners after the final three jumps, NOT when they sing "find another partner."

Note 2: This game can generate a lot of excitement. See music classroom suggestions in the introduction for ways to deal with too much excitement.

Note 3: A good way to finish this gamesong is to interrupt the eight-beat interlude. Announce that the final phrase will change to "and you sit down with your partner and you stop Jim Joe." Then continue the eight beats and sing the song one more time.

SAUTES, SAUTES, SAUTES
Le jeu

Disposition: Les partenaires, face à face, sont dispersés dans la salle.

Les actions:

Phrase 1. Sauter cinq fois. Un saut par mot.

Phrase 2. Faire les actions qui correspondent avec les mots de la partition.

Phrase 3. Les partenaires se prennent par les mains pendant qu'ils circulent en rond.

Phrase 4. Arrêter et sauter trois fois à la dernière mesure.

Remarque 1: Les enfants vont chercher un autre partenaire après les 3 derniers sauts.

Remarque 2: Pour maintenir l'ordre, voir les "suggestions à l'égard de l'enseignant".

Remarque 3: Pour finir la chanson, interrompez l'interlude (voir les suggestions à l'égard de l'enseignant). Annoncez le changement des mots de la quatrième phrase: "aucun autre partenaire et on finit la chanson".

ON A LOG / SUR UN TRONC

GRADE: 1-3

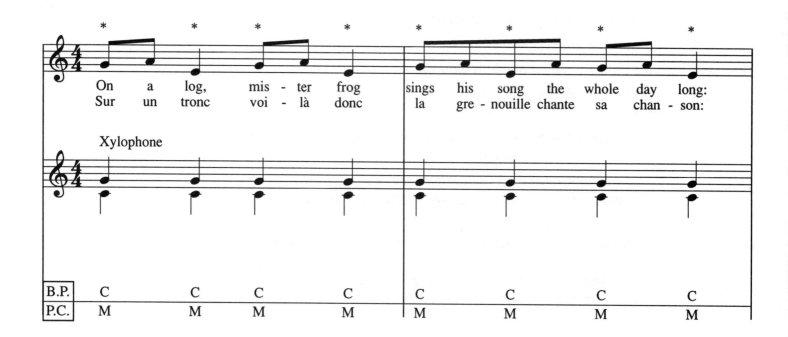

On a log, mis - ter frog   sings his song the whole day long:
Sur un tronc voi - là donc   la gre - nouille chante sa chan - son:

Xylophone

| B.P. | C | C | C | C | C | C | C | C |
| P.C. | M | M | M | M | M | M | M | M |

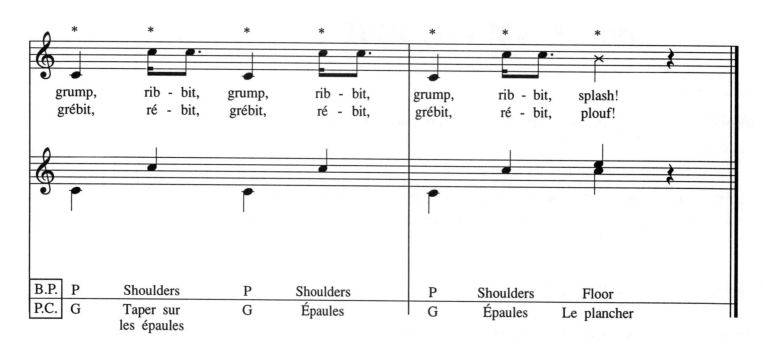

grump, rib - bit, grump, rib - bit, grump, rib - bit, splash!
grébit, ré - bit, grébit, ré - bit, grébit, ré - bit, plouf!

| B.P. | P | Shoulders | P | Shoulders | P | Shoulders | Floor |
| P.C. | G | Taper sur les épaules | G | Épaules | G | Épaules | Le plancher |

Instruments

Xylophone Alternative

ON A LOG
The Game

Formation: A circle, standing, facing the center.

Props: A beanbag frog and an object to serve as the "pond," such as a basket or a dishpan, placed in the center of the circle.

Actions:

1. The children sing the song and clap the beat on every * .
2. Practice passing the beanbag. (Stress the word "pass." Avoid saying "throw."
3. The children sing the song and pass the beanbag on every * .
4. The person receiving the bag on the word "splash" throws the frog into the pond.
5. The child beside the one who threw in the beanbag "fishes" it out of the pond, and the game starts again.

Variation: Do the actions without singing the words.

SUR UN TRONC
Le jeu

Disposition: En cercle, debout, face à l'intérieur.

Accessoires: Un sac de sable (la grenouille); un panier ou une boîte (l'étang") placé au milieu du cercle.

Les actions:

1. Les enfants chantent la chanson et frappent des mains aux *.
2. Pour pratiquer, passer le sac de sable de l'un à l'autre. (Accentuez le mot "passez," évitez "lancez.")
3. Les enfants chantent et passent le sac de sable aux *.
4. L'enfant qui reçoit le sac au mot "plouf," le garde pour le lancer dans "l'étang."
5. L'enfant qui suit celui qui a jeté le sac, va le retirer de l'eau" et le jeu reprend.

Variante: Faites les actions sans chanter les mots.

THE BAND / LA PARADE

GRADE: 1-3

Come sing and play a - long with us, we're mak - ing a band to -
On marche___ et on joue,___ et on fait___ une grande pa -

geth - er. Come sing and play a - long with us, we're
ra - de. On marche___ et on joue,___ et on

mak - ing a march - ing band.___ Here are the
joue___ les ins - tru - ments. Voi - là les tam -

drums,___ here are the drums,___ here are the drums, they play to -
bours, voi - là les tam - bours, voi - là les tam - bours dans la pa -

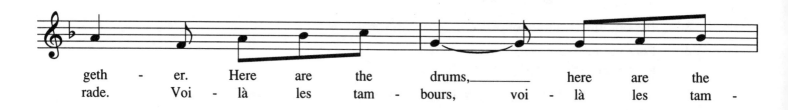

geth - er. Here are the drums,___ here are the
rade. Voi - là les tam - bours, voi - là les tam -

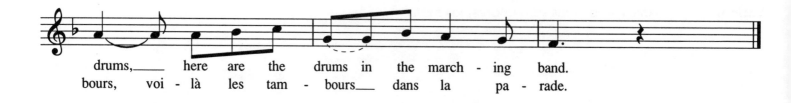

drums,___ here are the drums in the march - ing band.
bours, voi - là les tam - bours___ dans la pa - rade.

THE BAND
The Game

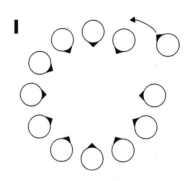

Formation: A circle, or scattered. (The actions described are for a circle formation.)

Preparation:

I.   Work with your students at walking individually around the circle until they get back to their space, one at a time.

II.   Next, practice this with two students at the same time, from opposite sides of the circle.

III.   Then try this with four students, each of them a quarter of the circle removed from each other.

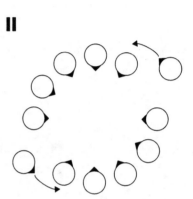

IV.   When they understand this principle, have them walk around the circle while they play a small percussion instrument; the teacher may accompany them with a drum or improvise on a piano. When the children return to their place, they pass the instruments to the children sitting on their right side.

V.   When this is mastered, add the song.

Actions:

1.   Place several groups of small percussion instruments in the center of the circle; for example, sticks, drums, and maracas.

2.   Distribute these instruments equidistantly around the circle. If you have 12 students and three groups of instruments, every first student will have a drum, every second student a maraca, every third student a set of claves, and so on.

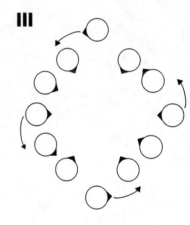

3.   Sing the song. All the students with a drum stand up and walk around the circle ONCE, while playing their drums. When they return to their space, they place the drums on the floor. Repeat the song for the other instrument groups, replacing the word "drums" with the name of the instrument being played.

4.   When they have all had a turn, everyone passes their instrument to the right so that each student gets to play a new instrument.

5.   To finish, everyone stands up. They all make a parade by playing their instruments and singing about the instrument they are playing.

2.

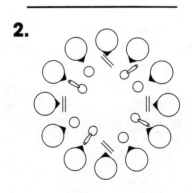

LA PARADE
Le jeu

I

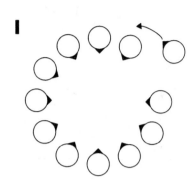

Disposition: Les enfants sont assis en cercle ou dispersés dans la salle.

Preparation:

I.   Pratiquer avec les enfants la marche autour du cercle et le retour à leur place, l'un après l'autre.

II.   Pratiquer #I avec deux enfants en même temps (voir le graphique).

III.   Maintenant avec quatre enfants en même temps (voir le graphique).

III

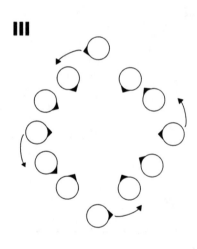

IV.   Quand cet exercise a été bien maitrisé, répéter #II en jouant des instruments de percussion ou des tambours, par exemple. L'enseignant(e) peut accompagner au grand tambour ou improviser au piano. À leur retour, les enfants passeront les tambours vers la droite en permettant ainsi aux autres enfants de marcher et jouer.

V.   Quand la chanson et la marche sont maitrisés, ajouter les instruments.

Les actions:

1.   Metter les instruments de percussion au milieu du cercle; par exemple, des claves, des tambours, et des maracas.

III

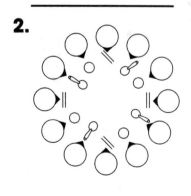

2.   Distribuer les instruments également et successivement parmi les enfants. Par exemple: quand il y a 12 enfants et 3 catégories d'instruments, chaque premier enfant aura un tambour; chaque deuxième enfant aura un maraca et chaque troisième enfant aura des claves.

3.   Chanter la chanson. Les enfants qui ont un tambour se lèvent et se promènent autour du cercle, une seule fois, en jouant les tambours. En revenant à leur place ils dépaseront les tambours sur le plancher. Répéter la chanson pour les autre catégories. Au lieu de "tambours" on chante le nom de l'instrument qui est joué.

4.   Quand tous les instruments ont été joués, passer les vers la droite ainsi tous les enfants pourront jouer un instrument différent.

5.   Pour la finale, tous se lèvent. On fait une grande parade en jouant tous les instruments en même temps. Chaque enfant chante le nom de l'instrument qu'il joue.

2.

_____

PASSING SONG / PASSE ET PASSE

GRADE: 3-4

Pass a - long your Eas - ter egg. Pass a - long your Eas - ter egg.
Passes___ les___ oeufs de Pâques. Passes___ les___ oeufs de Pâques.

Pass and pass and pass a - long your Eas - ter egg.
Passes et passes et passes___ les___ oeufs de Pâques.

Pass a - long your Eas - ter egg, pass and pass.
Passes___ les___ oeufs de Pâques, passes et passes.

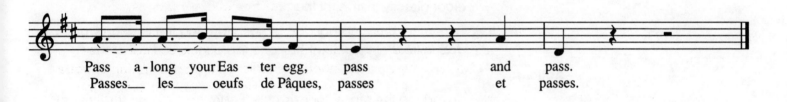

B.P.		P		P	
P.C.		C		C	

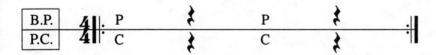

Passing the Eggs		Pass and release		Pick up new egg	
Passer les Oeufs		Lâcher		Ramasser	

PASSING SONG
The Game

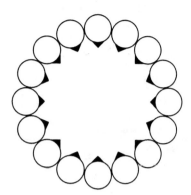

Formation: A tight circle; the children sit on their knees.

Props: Pine cones, beanbags, water-filled balloons, or plastic eggs. (Fill the eggs with rice and then glue them shut. This gives them some weight, and they can double as shakers for the five-year-olds.)

Preparation:

1. Teach the song and the B.P. .

2. The students put their left hand on their right knee. They put their right hand on the left knee of their neighbor sitting on the right. In this position they patsch twice, followed by patsching their own knees twice in the regular way. Practice this many times.

3. Now they put their left hands behind their back. They patsch with their right hand. Their right hand patsches their neighbor's left knee twice, followed by two patsches on their own right knee. Practice this many times too.

4. Leaning forward, the students tap the floor with their right hand: twice in front of their neighbor sitting on the right and twice on the floor directly in front of them.

5. When this is understood, progress to tapping the floor only once: one tap in front of their neighbor, one tap directly in front of them.

Actions:

1. Introduce the props; for example, Easter eggs. Every student gets an egg. They must handle the eggs with their right hand.

2. They all place their egg in front of their neighbor sitting on the right and release it. They now all have a new egg in front of them. They all pick up their new egg and pass this to the right, and so on. Repeat this slowly many times; their left hand must stay behind their back.

3. When this is mastered in a synchronized way, sing the song and pass the eggs on every "pass."

Variation: This game can be performed standing up. The students hold up their left palm and pass the objects with their right hand.

PASSE ET PASSE
Le jeu

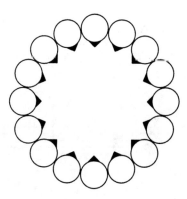

Disposition: En cercle fermé; les enfants sont assis sur leurs genoux.

Accessoires: Des pommes de pin, des ballons remplit d'eau, des sacs de sable, des oeufs en plastique. (Remplir les oeufs avec du riz. Ça leurs donne un peu plus de pesanteur; en les secouant, ils deviennent des instruments pour la classe des petits.)

Preparation:

1. Enseigner la chanson et les ⬚ P.C. ⬚.

2. Les enfants mettent la main gauche sur leur genou droit. Ils mettent leur main droite sur le genou gauche de l'enfant voisin de droite. Dans cette position on frappe sur les cuisses deux fois. Puis on frappe sur ses propres cuisses deux fois de la façon habituelle. Pratiquer plusieurs fois.

3. Maintenant les enfants tiennent leur main gauche derrière les dos. On frappe sur les cuisses seulement avec la main droite: la main droite frappe le genou gauche du voisin deux fois. Puis la main droite frappe le genou droite deux fois. Encore, pratiquer plusieurs fois.

4. Se pencher vers l'avant pour atteindre le plancher. Les enfants frappent sur le plancher devant les enfants de droite, deux fois. Puis ils frappent sur le plancher devant eux, deux fois.

5. Quand on a bien maitrisé cet exercise, essayez de frapper avec un seul coup.

Les actions:

1. Introduire les accessoires, par exemple les oeufs. Chaque enfant a un oeuf. On manipule les oeufs avec la main droite.

2. Tous les enfants déposent les oeufs devant l'enfant de droite. Maintenant chacun a un nouvel oeuf. Tout le monde prend cet oeuf et va le passer en le déposant vers la droite. Etcetera. Très lentement, répéter ces actions plusieurs fois; la main gauche reste toujours derrière les dos.

3. Quand on a bien maitrisé cet exercise de façon synchronisée, essayez la grande finale: chanter la chanson et passer tous les oeufs a chaque "passe".

Variante: On peut exécuter ce jeu debout: les enfants retournent leur paume gauche et passent les objets de la main droite.

ON OUR WAY / À BIENTÔT

GRADE: 2-3

Hel - lo! Hel - lo! This is a hap - py day! Let's
Sa - lut! Sa - lut! Sa - lut, comme il fait beau! Bien

sing, and clap, and then we're on our way!
sûr. Bien sûr. Bien sûr et à bien - tôt!

B.P.	P	C		S	C		P	C		S	C	
P.C.	C	M		D	M		C	M		D	M	

ON OUR WAY
The Game

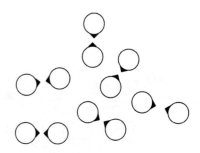

Formation: Scattered. Partners are facing each other.

Actions:

1. The children sing the song and perform the actions as described in the B.P. . Instead of the snaps, they could clap the hands of their partner.

2. When the song is finished, a 16-beat interlude follows. The teacher plays 16 beats on an instrument and the students walk freely around the room, looking for a new partner. On the 16th beat, they must be face to face with their new partner and Part 1 is repeated.

A BIENTÔT
Le jeu

Disposition: Les partenaires sont face à face et dispersés dans la salle.

Les actions:

1. Enseigner la chanson et les P.C. comme elles sont décrites dans la partition. Au lieu de claquer les doigts, les enfants peuvent frapper les paumes de leur partenaire.

2. Un interlude de 16 contes suivra la chanson. L'enseignant(e) joue 16 coups sur un instrument. Les enfants marchent librement dans la salle en cherchant un nouveau partenaire. Au 16ième coup ils doivent faire face au nouveau partenaire. Répétez le part 1.

GREETING DANCE / ÇA VA?

GRADE: 2-4

GREETING DANCE
The Game

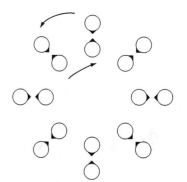

Formation: As shown.

Actions:

1. Teach the song and  B.P. as described.

2. Practice jumping sideways to the right. Practice jumping sideways to the right two times.

3. Form two circles as shown. Replace the eight steps as follows: partners hold hands and turn 360°.

4. Practice two jumps sideways to the right. (Circles move in opposite directions.) Each student now faces the next opposite partner. To practice this a few times, always let your students start with their original partner until the principle is understood.

5. Sing the song and perform all the actions. In the final measure, everyone taps the hands of the next partner, and the game repeats with this partner.

Variation: Perform the actions while internalizing the song.

Note: Interludes of eight beats played on a drum, a piano, or simply counted out loud by the students help prepare for the next repetition.

ÇA VA?
Le jeu

Disposition: Voir le graphique.

Les actions:

1. Enseignez la chanson et les P.C. comme elles sont décrites dans la partition.

2. Pratiquer des sauts de côté vers la droite. Sauter comme ceci deux fois.

3. Les enfants forment deux cercles. Les partenaires se font face. Au lieu de huit pas sur place, les partenaires se prennent par la main et tournent 360°.

4. Faire des sauts de côté vers la droite. (Les cercles bougent en direction opposée.) Chaque enfant fait face au nouveau partenaire. Pour pratiquer les sauts plusieurs fois il est bon de toujours commencer avec le partenaire original, jusqu'à l'exercice soit bien maitrisé.

5. Chanter et exécuter toutes les actions. À la dernière mesure chacun frappe des mains du partenaire suivant. Le jeu reprend avec le nouveau partenaire.

Variante: On peut faire les actions sans chanter les mots.

Remarque: Un interlude de huit contes permet aux enfants de se préparer avant de reprendre la chanson.

WHO, WHO, WHO? / QUI, QUI, QUI?

GRADE: 2-3

Cir - cle left, cir - cle left,_____ here we go!
Vers la gauche va le cer - cle oui, oui, oui!

(name)____ goes____ to the right,____ don't you know!
Vers la droi - te va_____ (nom)____ sí, sí, sí!

Cir - cle stops, look a - round. Who, who, who?
Ar - rê - tez, re - gar - dez. Qui, qui, qui?

Cath - y, it's you!
C'est Jean qui suit!

WHO, WHO, WHO?
The Game

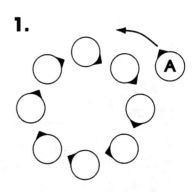

1.

Formation: The children stand in a circle, facing clockwise. One child is outside the circle, facing counterclockwise.

Actions:

1. During the first two phrases, the circle moves clockwise, and the child outside the circle, Ⓐ, walks counterclockwise.

2. During the third phrase, everybody stops moving and "walks" on the spot, facing the center. Ⓐ stops behind the child closest to him, Ⓑ.

3. During the four "X"s in the fourth phrase, Ⓐ taps Ⓑ on the shoulders.

4. In the last measure, the class sings Ⓑ's name.

5. Ⓑ now becomes "it"; Ⓐ takes Ⓑ's place and the game is repeated.

2, 3.

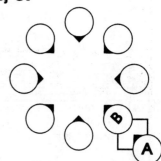

QUI QUI QUI?
Le jeu

5.

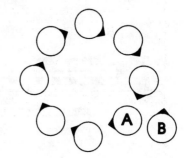

Disposition: En cercle. Les enfants circulent vers la gauche. Un enfant est à l'extérieur du cercle et se promène vers la droite.

Les actions:

1: Chantez la première et la deuxième phrases en marchant vers la gauche. Un enfant, Ⓐ, marche au direction contraire.

2. À la troisième phrase on s'arrête et on marche sur place, face à l'intérieur. Ⓐ s'arrête derrière l'enfant le plus près de lui, Ⓑ.

3. Pendant les quatre "x" de la quatrième phrase Ⓐ va frapper quatre fois sur les épaules de Ⓑ.

4. À la dernière mesure, la classe va chanter le nom de Ⓑ.

5. Maintenant c'est à Ⓑ de marcher autour du cercle. Ⓐ prend la place de Ⓑ.

JIM ALONG / ALLONS-Y

GRADE: 2-3

Xylophone/Glockenspiel

See below (A)

Voir dessous (A)

JIM ALONG
The Game

Formation: Form two circles; partners are facing counterclockwise.

Actions:

1. The children sing the song, Ⓐ , two times and walk to the right.

2. Everyone stops and performs the actions of part Ⓑ .

3. They all keep facing their partner and perform part Ⓒ while they sing the song, Ⓐ .

4. Perform the actions of Ⓓ : everybody takes one step to the right and faces the next partner. With this partner, they finish the actions of Ⓓ .

5. The game is repeated with their new partner.

1.

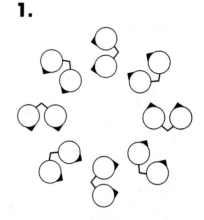

2.

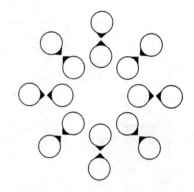

ALLONS-Y
Le Jeu

Disposition: On fait deux cercles; les partenaires marchent vers la droite.

Les actions:

1. Les enfants chantent la chanson, Ⓐ , deux fois.

2. Toute le monde s'arrête et exécute les actions Ⓑ .

3. Face à face avec son partenaire on exécute Ⓒ en chantant la chanson Ⓐ .

4. Faire les actions Ⓓ : chacun fait un pas vers la droite.
Ainsi les enfants font face à un nouveau partenaire.
On finit les actions Ⓓ avec ce partenaire.

5. Répéter le jeu en entier avec ces nouveau partenaires.

3.

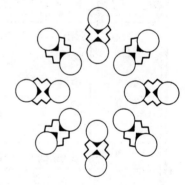

4.

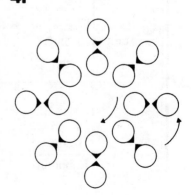

WIBBLETON / DE VENCE À FLORENCE

GRADE: 3-4

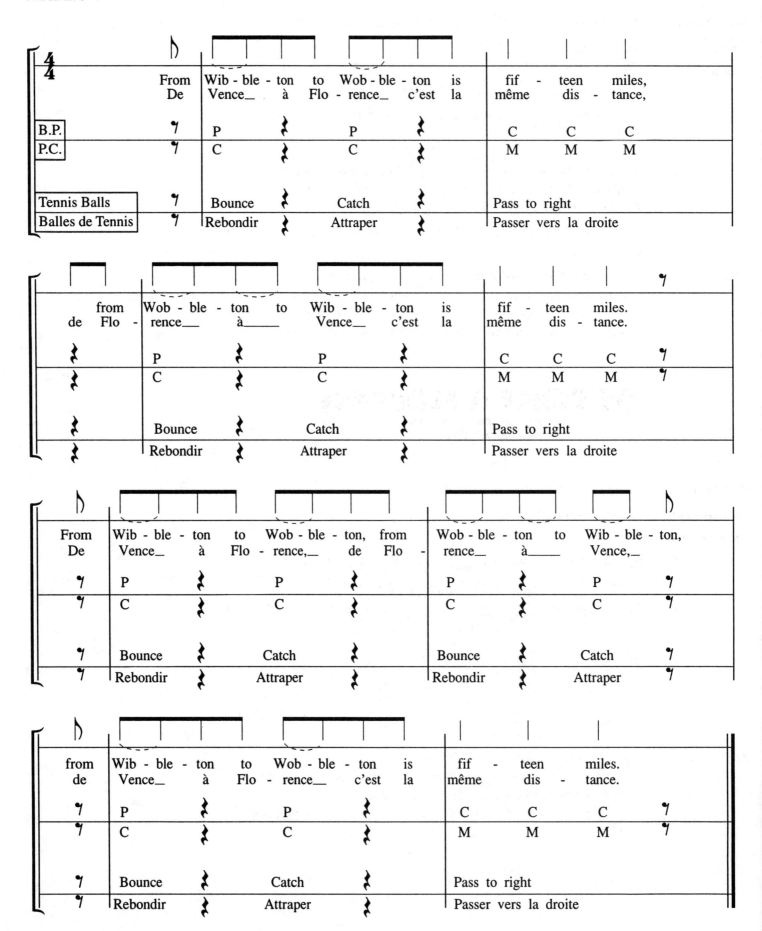

WIBBLETON
The Game

Formation: The children stand in a circle, facing the center.

Props: Tennis balls.

Actions:

1. Teach the poem and the ⬛ B.P. ⬛. Try this in canon. Try the poem with the ⬛ B.P ⬛ while internalizing the words.

2. Give a tennis ball to every second child.

3. Discuss "bounce," "catch," and "pass." Please see the music page for the tennis ball choreography. Practice this very slowly, stopping after each phrase with a distinct "stop!"

4. When the tennis ball part is mastered, combine the poem and the ball game.

Attention: Before you start #4, establish the following guidelines:
- If you lose your ball, do not retrieve it until the poem is finished.
- If you see someone else's lost ball, do not retrieve it.
- Everyone retrieves his/her own ball; do not "help" anyone.

DE VENCE À FLORENCE
Le jeu

Disposition: Les enfants sont debout, formant en cercle.

Accessoires: Des balles de tennis.

Les actions:

1. Enseignez la chanson et les ⬛ P.C. ⬛. Essayez-les en ronde. Essayez d'exécuter le poème avec les ⬛ P.C. ⬛, sans les mots.

2. Donner une balle de tennis aux enfants. Passer les balles et intercaler. C'est à dire à chaque deuxième enfant.

3. Expliquer "rebondir", "attraper", et "passer". Consultez la page opposée pour les instructions. Pratiquer le tout très lentement. Arrêtez après chaque phrase avec un "arrêt" net.

4. Quand tous ont bien maitrisé le "jeu de balles" combiner la chanson avec les balles de tennis.

Remarque: Il est important d'établir des règles:
- Si on perd sa balle on ne la ramasse pas avant la fin du poème.
- On ne ramasse jamais la balle d'un autre.
- Chacun ramasse sa propre balle; on ne se déplace pas pour "aider" les autres.

ADA VERMEULEN

Biography

Orff and Kodaly training in Delft, the Netherlands; in Toronto, Canada; and at the Orff Institute in Salzburg, Austria.

Orff Specialist with the Toronto District School Board since 1981 until present, teaching Kindergarten to Grade 6.

Executive member of the Ontario Chapter of Music for Children—Musique pour Enfants—Carl Orff Canada during 12 years. President from 1994 to 1996.

Author of two books: *Songs to Play and Games to Sing* and *More Songs to Play and Games to Sing.*

Presented Orff workshops in Ontario and Québec.

Member of the steering committee of the Canadian National Orff Conference: "Mosaic" in April 1994 in Toronto.

Biographie

Éducation à l'approche musicale d'Orff et de Kodaly à Delft, Les Pays Bas, à Toronto, Canada, ainsi qu'à l'Institut d'Orff à Salsbourg, Autriche.

Spécialiste de la musique d'Orff avec le Toronto District School Board de 1981 jusqu'à présent. Enseignante de la maternelle jusqu'en 6ième année scolaire.

Membre exécutif de l'Ontario Chapter of Music for Children—Musique pour Enfants—Carl Orff Canada pendant 12 ans. Présidente de 1994 à 1996.

Auteur de 2 livres: *Chansons pour s'amuser* et *Chansons pour s'amuser . . . Encore!*

Présentatrice des ateliers d'Orff au Ontario et Québec.

Membre du comité directional de la Conférence National: le "Mosaic" de Carl Orff Canada—April 1994 à Toronto.